Miwon Lecture

하벨의 정치철학과 한국의 시민사회

하벨의 정치철학과 한국의 시민사회

초판1쇄 인쇄 2017년 7월 28일
초판1쇄 발행 2017년 7월 28일

지은이 박영신
엮은이 미원렉처 편집위원회
펴낸이 조인원
펴낸곳 경희대학교 출판문화원

주소 서울시 동대문구 경희대로 26
전화 02-961-0106~8, 팩스 02-961-0291
설립 1960년 9월 16일 제5-8호
등록 1977년 11월 8일 제6-5호
홈페이지 www.khupress.com
전자우편 press@khu.ac.kr

ISBN 978-89-8222-568-0 03340

하벨의 정치철학과 한국의 시민사회

박영신

경희대학교 출판문화원
KYUNG HEE UNIVERSITY PRESS

이 책은 2016년 5월 16일 경희대학교 네오르네상스관 네오누리에서 개최된 미원렉처Miwon Lecture에서 박영신 연세대학교 사회학과 명예교수가 '하벨의 정치철학과 한국의 시민사회'를 주제로 강연한 내용을 담은 것입니다.

Miwon Lecture

미원렉처Miwon Lecture는 경희대학교 설립자 故 조영식 박사의 호 '미원美源'을 따서 이름 지은 특별 강연입니다. 경희대는 '문화세계의 창조'를 창학정신으로, '학문과 평화'의 전통을 이어오고 있습니다. 미원렉처는 국내외 석학과 실천인을 연사로 초빙해, 인간과 세계, 문명의 새로운 지평을 열어갑니다.

차례

Miwon Lecture

바츨라프 하벨과의 만남

존경하는 조인원 총장님, 미래문명원을 맡아 수고해주시는 정종필 박사님, 제가 평소 귀하게 생각하는 최장집 교수님, 도종환 의원님, 중앙일보 배명복 논설위원님, 오늘 체코슬로바키아의 반체제 지식인이자 극작가, 뒷날 대통령이 돼 새로운 민주주의를 제안하고 추진해나간 바츨라프 하벨Václav Havel, 1936~2011을 주제로 함께 이야기할 수 있게 된 것에 감사드립니다. 또한 여기 오신 교수님들, 모두 다 바쁘실 텐데 이렇게 자리를 빛내주셨습니다. 그 밖에도 많은 학생들이 취업 준비에 시간이 없을 텐데 취업에 아무 도움이 되지 않는 이런 자리에 와주셨습니다.

저는 경희대학교와 아무런 연고가 없습니다. 그런데 문

명을 생각하고, 미래를 생각하고, 범세계 공동체를 생각하고, 인류를 생각할 수 있는 자리가 있다면 기꺼이 함께하고 싶다는 마음을 평소에 갖고 있었습니다. 그래서 저도 '대학의 미래, 인류의 미래'를 성찰하고 구현해나가려고 노력하는 이 학교의 구성원으로 불리고 싶은 심정을 감출 수 없습니다. 그런 '구성원'의 한 사람으로 오늘 여러분께 제가 '바츨라프 하벨이라는 한 인물에 대해 이렇게 생각하고 있다'라는 짧은 소견, 제 눈으로 본 것을 말씀드리고자 합니다. 그리고 그것이 우리 시민사회에 어떤 의미가 있을 것인지에 관해서도 조그마한 이야기 하나를 여러분과 나누고 싶습니다.

제가 바츨라프 하벨에 관심을 가진 것은 꽤 오래전 일입니다. 40년쯤 된 것 같습니다. 그때 제가 가르치던 대학에서 동유럽 연구를 하는 팀이 만들어졌습니다. 저는 동유럽을 전공한 사람이 아니지만, 사회변동과 사회구조에 관심을 갖는 사회학도의 한 사람으로 그 연구팀에 참여하게 됐습니다. 그런 과정에서 하벨을 만났습니다. 그것은 공부하는 사람이 우연히 발견한 조그마한 역사일 수도 있습니다.

그때만 하더라도 동유럽에 관한 책을 마음대로 읽을 수가 없었습니다. 이른바 '금서禁書'였기 때문입니다. 연구자들조차 책을 구해서 읽기가 어려웠습니다. 요즘 대학생들은 상상도 할 수 없을 것입니다. 그런데 그 연구팀에 들어가니까 특별한 허락을 받아서 동유럽에 관한 글들을 마음껏 읽을 수 있게 됐습

경희대학교 네오르네상스관 네오누리에서 강연하는 박영신 교수.

니다. 서유럽 중심의 학문을 공부했던 사람으로서, 미처 알지 못했던 동유럽을 공부한다는 것이 얼마나 저를 흥분시켰는지 모릅니다. 실로 많은 것을 배우고 느끼게 됐습니다.

저는 5년 동안 그 연구팀에 참여했습니다. 주어진 일은 매해 한 편의 논문을 쓰는 것이었습니다. 한 해는 폴란드, 또 한 해는 헝가리, 그다음에는 체코슬로바키아, 유고슬라비아… 마지막으로 그간의 연구를 마무리하는 것이었습니다. 그러다 보니 제 관심도 그쪽으로 많이 기울어지게 됐습니다. 그 전까지 주로 서유럽의 눈으로 세계 역사, 학문의 역사를 바라봤는데, 동유럽의 시각으로 세계 역사와 학문의 역사를 다르게 볼 수 있지 않을까, 그런 생각을 갖게 됐습니다. 그런 뜻에서 제가 많은 배움을 얻었습니다.

본론으로 들어가기에 앞서, 민주화 혁명이 진행되던 당시의 동유럽 상황을 잠시 돌아볼까 합니다. 1980년대 들어서 폴란드에서는 특히 레흐 바웬사Lech Wałęsa를 중심으로 하는 자유노조가 활발하게 움직였습니다. 폴란드 자유노조는 동유럽 공산화 이후 최초로 탄생한, 정부와 공산당으로부터 자유로운 노동조합입니다. 원래 '자주관리 노동조합, 연대'라는 긴 이름을 갖고 있는데, 그들이 내세운 구호, 그러니까 '연대' 또는 '단결'을 뜻하는 솔리다르노시치Solidarność라는 명칭으로 불립니다. 폴란드의 노동자, 시민은 굳게 연대해 민주주의를 외치며 공산체제에 맞서 싸웠습니다.

이처럼 '저변에서부터' 올라오는 저항운동이 거세어지자 폴란드 공산당은 자유노조와 함께 연립정부를 만들지 않을 수 없게 됐고, 레흐 바웬사는 1990년 폴란드 대통령으로 선출됐습니다.

그와 달리, 헝가리에서는 저변의 운동이 폴란드처럼 활발하지 않았습니다. 거의 찾아볼 수 없을 정도였습니다. 여러분도 아시다시피 1956년에 '헝가리 의거'[1]가 있지 않았습니까? 그런 민주화 운동 경험이 있었는데도 불구하고, 폴란드에서 연대운동이 활발할 때 헝가리에서는 이렇다 할 개혁운동이 일어나지 않았습니다. 다만 상층부 공산당 안에서 개혁 움직임이 있었습니다. 그러니까 폴란드는 '아래에서부터' 개혁을 성취하고자 한 반면, 헝가리는 '위에서부터' 개혁을 하려고 했던 것입니다.

폴란드와 헝가리의 탈공산화 방식은 어떻게 다른가? 또 거기에는 어떤 정치, 사회, 경제 배경이 자리하고 있는가? 이런 물음을 던지며 저는 참고문헌들을 살피면서 두 나라의 차이를 분석해서 책을 냈습니다. 1993년에 발간된 『동유럽의 개혁운동: 폴란드와 헝가리의 비교』라는 책입니다. 그러다가 바츨라프 하벨이라는 이름을 만나게 됐습니다.

그 무렵 저는 체코슬로바키아의 민주화 과정에 관한 책을 구상하고 있었는데, 이번에는 접근 방식을 달리해 하벨이라는 개인의 이야기로 풀어나갈 생각이었습니다. 하벨의 독특한 지성 세계에 매혹됐기 때문입니다. 그러나 생각과 달리 시간이 쉽게 나지 않았습니다. 그러던 중에 어쩌다가 집안일로

---

1 **헝가리 의거** 1956년 공산정권에 대항해 헝가리에서 일어난 민중봉기를 말한다. 공산당 집권 후 헝가리에서 토지개혁이 이뤄지기 시작했고, 농업 전문가인 임레 나지(Imre Nagy)에 의해 농지가 소농과 새 농민들에게 배분됐다. 이 정책은 혁명 정당이 노동계급의 신뢰를 얻은 새 시대를 긋는 사건으로, 공산당은 그 기반을 확립할 수 있었다. 하지만 1952년 이후 행정부와 당은 라코시 마차시(Rákosi Mátyás)에 의해서 독점됐다. 라코시는 철저한 스탈린주의자였으며, 중공업 중심의 경제 발전을 추진해서 반발을 초래했다. 1953년 스탈린이 사망한 후 1956년 소련공산당 제20차 대회에서 스탈린 비판이 일기 시작하자 동유럽 국가들에서 탈스탈린운동이 거세게 일어났는데, 당시 헝가리 정권을 장악하고 있던 라코시는 개혁을 완강히 거부했다. 이에 대항해 1956년 10월 23일 작가, 학생, 시민들이 봉기했다. 1956년 혁명에 의해 임레 나지는 라코시를 축출하고 최고의 지도자가 됐다. 임레 나지는 그를 지지하는 세력과 함께 탈스탈린적인 개혁을 시도했지만 그의 개혁은 국경을 넘어 침공해온 소련군의 무력 진압에 의해 좌절되고 그 역시 다른 개혁 세력과 함께 처형됐다. 소련군은 라코시파와 나지파의 두 파를 추방한 뒤, 중도파 카다르 노동혁명파에게 정권을 넘겨줬다. 이 사건으로 수천 명이 목숨을 잃었으며 많은 헝가리인이 오스트리아 국경을 넘어 탈출했다. 소련의 무력 진압은 서유럽의 좌파 지식인들에게 큰 충격을 줬고, 중국 등 일부 사회주의 국가에서도 소련 모델에 대한 반성을 낳게 했다.

© Jiří Jiroutek

바츨라프 하벨.

영국을 왔다 갔다 하면서 제 아내가 모아둔 동유럽, 특히 하벨에 관한 자료들을 볼 기회가 있었습니다. 우리나라 언론에서는 별로 다루지 않았지만, 영국은 유럽 대륙에 가깝고 아마도 유럽의 일부라는 생각 때문인지 하벨에 관한 기사들을 많이 내고 있었습니다. 물론 그에 관한 책도 여러 권 나와 있었습니다.

그때부터 열심히 하벨에 관한 자료를 모으고 글을 써서

원고를 출판사에 넘겼는데 그 출판사가 다른 책이 급하다면서 뒤로 미루기만 했습니다. 그렇게 밀리고 밀리다가 책으로 나온 것이 2000년입니다. 『실천 도덕으로서의 정치』가 그 책입니다. 제가 아주 부족합니다. 아까도 어떤 선생님께 말씀드렸는데, 제가 지금 다시 하벨에 관한 책을 쓴다면 좀 더 잘 쓸 수 있지 않을까 싶지만, 그때의 제 능력껏 최선을 다했다고 말할 수밖에 없습니다. 제 학문에 대한 사소한 이야기입니다.

Miwon Lecture

힘없는 자의 힘

앞에서 저는 '하벨의 지성 세계에 매혹됐다'고 말씀드렸습니다. 어떤 면이 그럴까요? 사람마다 판단 기준이 다를 것입니다. 하벨은 한두 마디로 규정하기 어려운 사람입니다. 위대한 생각을 하는 사람일수록, 말 몇 마디로 마치 물건을 상자 속에 집어넣듯 규정할 수는 없을 것입니다. 제 생각에, 그는 대단히 넓은 생각을 갖고 있습니다.

바츨라프 하벨은 1936년 프라하의 부유한 집안에서 태어났습니다. 그런데 1948년 쿠데타로 나라가 공산화되자 이른바 '출신 성분' 때문에 제대로 된 고등교육을 받지 못했습니다. 군 복무를 마친 뒤 극장에서 기술조수로 일하게 되고, 야간에 공부를 하며 연극과 영화에 관심을 갖게 되고, 이어

극작을 하기 시작했습니다. 1963년에 발표한 희곡 『가든파티 Zahradní slavnost』와 1965년에 발표한 『메모랜덤 Vyrozumění』은 공산주의를 풍자한 아주 중요한 작품입니다.

체코슬로바키아는 우리가 다 알다시피 유럽 중부 또는 동부에 있는 조그마한 나라입니다. 역사가 오래되지도 않았습니다. 합스부르크 제국에 속한 두 민족 집단, 체코와 슬로바키아가 하나의 나라를 이뤄 독립한 것은 제1차 세계대전이 끝난 뒤였습니다. 1918년 토마시 마사리크 Tomáš Garrigue Masaryk라는 뛰어난 정치가에 의해 탄생한 체코슬로바키아는 1993년에 체코와 슬로바키아 두 나라로 분리됐습니다.

당시 그 지역의 여러 나라 중에 민주공화국 체제를 유지한 나라는 체코슬로바키아 하나뿐이었습니다. 주변의 다른 나라들은 민주공화국을 경험해보지 못했습니다. 바츨라프 하벨이 세상에 태어났을 때 체코슬로바키아는 민주공화국이었습니다.

그런데 하벨이 태어난 지 얼마 되지 않아 제2차 세계대전(1939~1945)이 일어나자 나치의 침공을 받고 나라가 사라졌습니다. 나치의 패망으로 독립을 되찾은 체코슬로바키아는 다시 민주주의를 회복해 활기찬 나라로 거듭나려는 기대와 희망에 부풀었지만, 3년 정도 지난 1948년 공산당의 술수에 의해서 공산체제로 바뀌게 됐습니다. 소련의 위성국으로 전락하고 말았습니다.

그런 나라에서 하벨은 극작가로 살아야 했습니다. 그는 극작가로 살면서 느끼는 바가 많았습니다. 공산체제 밑에서 어떻게 자기의 생각을 자유롭게 펼칠 수 있을까? 그는 작가답게 이 같은 민감한 생각을 많이 했습니다. 하벨은 자기 마음속에 있는 생각을 담아두지 않고 발언할 수밖에 없었습니다. 이 발언 자체가 저항이 됐습니다. 자기 생각을 밖으로 드러내는 그 자체가 공산체제에 대한 저항이고 반대였습니다.

1953년에 스탈린이 사망한 후, 소련에서는 새로 집권한 흐루시초프Nikita Khrushchyov에 의해 스탈린 격하운동이 벌어졌습니다. 그러나 체코슬로바키아는 여전히 스탈린주의자의 지배 아래 놓여 있었습니다. 1960년대 들어서는 경제가 악화돼 국민의 불만이 높아만 갔습니다. 다만 창작의 자유가 조금은 허용되는 분위기였습니다. 앞서 말씀드린 하벨의 희곡들은 이런 배경에서 나왔습니다. 그렇다고는 해도 체코슬로바키아의 지식인, 작가, 예술가들이 공산당의 통제에서 벗어날 수는 없었습니다.

하벨은 당의 사슬에 묶여 이리저리 끌려다니는 작가연맹을 공격했습니다. 지식인, 작가, 학생들도 들고일어났습니다. 공산당 내부에서 보수파와 개혁파 간의 대결이 계속됐는데, 1968년 1월 5일 개혁파인 알렉산드르 둡체크Alexander Dubček가 집권에 성공함으로써 체코슬로바키아는 새로운 국면을 맞이했습니다. 인민의 봉기와 둡체크의 개혁은 밀란 쿤데라의

1968년 소련의 침공 당시 시위를 벌이고 있는 체코슬로바키아 국민들.

소설로도 유명한 '프라하의 봄'을 가져왔습니다.

둡체크는 '인간의 얼굴을 한 사회주의'를 내걸고 과감한 개혁을 추진했습니다. 그러나 '프라하의 봄'은 오래가지 못했습니다. 탱크를 앞세운 소련군의 침공을 받아 자유의 꿈은 순식간에 물거품이 됐습니다. 그 뒤에 들어선 꼭두각시 정권은 '정상화'라는 이름으로 모든 개혁을 무효로 돌렸습니다.

극작가의 길을 걷고자 한 하벨의 길도 가로막히고 말았습니다. 그는 반체제 인사가 됐습니다. 자기 양심에 따라서 살려고 하는 그 자체로 반체제 인사가 되고 요시찰 인물의 리스트에 오르게 됐습니다. 물론 극작을 하고 싶었지만 공산체제에서는 극작을 할 때 작가연맹에서 도와주느냐 안 도와주느냐 하는 그것도 중요하지만 무대에 올려놓을 수 있는가 없는가 하는 것도 중요합니다. 반체제 인사로서 하벨은 제재를 받아야 했습니다. 자기 나라에서는 연극 무대에 올릴 수 있는 기회가 차단됐습니다. 하지만 그의 작품들은 나라 밖에서 주목받는 공연이 됐습니다.

그런 어려운 시대를 거치면서 바츨라프 하벨은 새로운 계기를 맞이하게 됩니다. 그는 극작의 세계에 머물지 않고, 극작의 세계에서 벗어나 정치에 대한 자신의 생각을 쓰기 시작했습니다. 그 가운데 하나가 1977년에 인권을 위해서 만든 '77헌장Charta 77'[2]입니다. 이는 지식인이 중심이 됐습니다만 일종의 시민단체이기도 했습니다. 그런 반체제 활동으로 그는 재판을 받고 수감생활을 해야 했습니다.

그 무렵 그가 내놓은 아주 유명한 글이 있습니다. '힘없는 자의 힘Moc bezmocných'(1978)입니다. '힘 있는 자의 힘'이 아니고 '힘없는 자의 힘'입니다.

'힘', 영어로 'power'라고 하면 보통은 이것을 '권력자에게 주어진 것'으로 이해하고 있습니다. 토머스 홉스 이후, 사회

---

2 **77헌장** 1977년 1월 체코슬로바키아에서 일어난 반체제운동을 상징하는 문서이자 그 운동을 주도한 지식인 집단을 가리킨다. 77헌장 발기인은 바츨라프 하벨, 얀 파토츠카(Jan Patočka), 즈데네크 믈리나르시(Zdeněk Mlynář), 이르지 하예크(Jiří Hájek), 파벨 코호우트(Pavel Kohout) 등이다. 77헌장은 체코슬로바키아 정부가 헬싱키협정의 인권 조항을 준수할 것을 촉구하는 내용으로 총 243명이 이 헌장에 서명했다. 체코슬로바키아 정부와 의회가 헌장 원문을 압수했지만 지하 출판을 통해 헌장 복사본이 비밀리에 전해졌다. 르 몽드, 프랑크푸르터 알게마이네 차이퉁, 더 타임스, 뉴욕 타임스 등 서방 신문에 게재돼 국제사회의 관심을 끌었다. 77헌장은 1989년의 무혈 혁명인 '벨벳 혁명(Velvet Revolution)'의 모체가 됐다.

© Gampe

77헌장 기념비인 마르틴 브루하(Martin Brůha).

의 상층부에 있는 권력자가 강압의 방식을 통해서 모든 국민, 모든 시민이 국가에 복종할 의무를 갖도록 만들지 않았습니까? 모든 것이 상층부 중심이었습니다. 하벨의 '힘없는 자의 힘'은 상층부 중심이 아니고 '아래로부터'에 대한 관심입니다. 힘없는 사람이 어떻게 힘을 낼 수 있는가?

'힘없는 자의 힘'은 꽤 긴 정치 에세이입니다. 하지만 하벨은 극작가답게 아주 설득력 있게 이야기를 풀어나갑니다. 이 글에서 그는 한 인물을 등장시킵니다. 식품점의 관리인입니다. 식품점 관리인은 상점에 양파도 놓아야 하고 붉은 무도 진열해야 합니다. 그런데 상부에서는 수시로 본업과 관계없는 지시를 내립니다. 그 가운데 하나가 '만국의 노동자여 단결하라!'고 적힌 포스터를 진열대 유리창에 붙여놓으라는 것입니다. 이 관리인에게는 감히 명령을 거부할 자유가 없습니다. 한두 번도 아니고, 시시때때로 지시가 내려오지만 그럴 때마다 '만국의 노동자여 단결하라!'는 포스터를 창문에 붙여야만 합니다. 하지만 이 사람의 마음속을 들여다보면 '만국의 노동자여 단결하라!'고 하는 이 어마어마한 선언에 대한 헌신의 마음이 없습니다. 거기에 대한 강렬한 열정과 믿음을 갖고 있지 않습니다. 상부에서 지시하니까 기계의 부속품처럼 그냥 유리창에 포스터를 내붙이는 것입니다.

하벨이 우리에게 들려주는 대로, 식품점 관리인의 마음과 실제 자기의 행동 사이에는 엄청난 거리가 있습니다. 자기는 '만국의 노동자여 단결하라!'는 것을 믿지도 않는데 상부의 지시라는 이유 하나 때문에 순종하는 그런 인민으로 살아가고 있습니다.

이것은 정직하게 사는 것이 아닙니다. 정직하게 살려면 자기가 믿지 않는 것을 행동으로 나타내지 말아야 합니다. 마음으로는 '만국의 노동자여 단결하라!'는 것을 믿지 않으면서 상부의 지시라는 타율에 의해서 그런 포스터를 붙이는 것은 거짓된 삶입니다. 하벨의 표현에 따르자면, '거짓 안에서 사는 삶'입니다.

그렇다면 대답은 뭐겠습니까? '진리 안에서 사는 것'입니다.

'진리 안에서 사는 것'은 순수한 자기를 드러내는 삶입니다. 어떤 체제에 의해서 찌그러진 자기가 아닌, 순수한 자기입니다. 만일 공산체제에서 모든 식품점 관리인이 상부에서 지시하는 '만국의 노동자여 단결하라!'는 포스터를 붙이지 않으면 어떻게 되겠습니까? 아마 그 체제에 굉장한 혼란이 일어날 것입니다. 이것이 '힘없는 사람이 갖고 있는 힘'입니다.

하지만 식품점 관리인들은 이 힘을 행사하지 않습니다. 왜냐하면 '거짓 속'에서 살고 있고, '거짓 속'에서 사는 것이 편하기 때문입니다. 상부에서 지시하는 대로 살기만 하면 먹고 사는 데는 별문제가 없습니다. 공산당 정부가 정한 일주일에 돼지고기는 몇 그램, 그렇게 먹으면 되는 것이고, 또 일주일에 빵은 얼마, 그것을 받아먹으면 되는 것입니다. 공연히 자기 마음속의 양심, 진리, 이런 것 때문에 먹고사는 문제까지 희생을 당해서야 되겠는가? 이런 계산 때문에 모두가 정직하게 살지 않고 거짓되게 사는 것입니다.

자기 안에 진리, 진실이 있음에도 불구하고 그것을 억누르고 거짓된 방식으로 살고 있습니다. 그러면서 자기 스스로 정당화합니다. '현실이란 것은 진리만을 위해서 살 수 없는 것이다. 이렇게 사는 것이 현실이다. 먹고살아야 한다.' 그렇게 자기를 정당화하면서 체제의 부속품이 되고, 그런 거짓 안에서 사는 삶이 그 체제를 지탱시킵니다.

하벨은 이 점에 주목했습니다. 이 체제라고 하는 것이 절대 진리의 체제가 아니지 않습니까? 인간들이 만들어놓은 체제 아닙니까? 그런데 어떻게 인간들이 만들어놓은 체제에 절대 복종하면서 살아야 하는가? 인간이 만들어놓은 체제에 한계가 있을 텐데 왜 거기에 질문하지 못하는가?

'힘없는 자의 힘'에서 하벨은 '진리 안에서 살아야 한다'는 생각을 설득력 있게 들려줍니다. '진리 안에서' 사는 것, 배가 고프더라도 '진리 안에서' 사는 것이 동물과 구별되는 인간다움입니다. 이러한 삶이 동물과 구별되는 인간다움입니다. 다른 사람들은 그것이 '현실감이 없다'고 얘기할 때, 하벨은 이것이야말로 현실을 넘어서는 진리를 향한 '삶의 삶다움'이라고 했습니다.

더 나아가, 하벨은 참과 거짓의 문제, 진리와 허위의 문제를 말합니다. 공산체제가 다른 어떤 체제보다 가장 아름답고 가장 과학스런 체제라는 주장이야말로 참이 아닌 거짓, 진리가 아닌 허위라고 말합니다. 여기서 또 하나 배울 수 있는 것은, 인간들이 만들어놓은 체제를 넘어설 수 있는 가능성을 우리 자신이 다 깔아뭉개고 살아가고 있다는 사실입니다.

도스토예프스키는 신神과, 신의 문제와 결투하면서 산 사람인데, 그가 이런 말을 남겼습니다. '만일 신이 없다면 인간이 할 수 있는 마지막 일은 자기를 신으로 만드는 것이다'라고. 인간이 신이 된다니, 상당히 불경스럽지만 실제로 그런 일이 벌어지기도 합니다. 그 하나가 공산체제를 절대화시키는 것입니다. '인간이 만든 인간의 작품에는 한계가 있다, 거기에는 문제가 있다.' 이런 생각을 하지 못하게 만드는 것입니다. 이것이 공산체제의 교리이자 과학인 것입니다. 우리가 학교에서 다 배우지 않습니까? 20세기의 공산주의는 지난날에 있었던 수많은 사회주의와 달리 '과학적 사회주의'라고 불렸습니다. '과학'이라면서 그 과학에 대해 질문하지 못하게 만드는 것은 과학이 아닙니다. 그 '과학'은 언제나 정답을 갖고 있기 때문입니다.

Miwon Lecture

'후기 전체주의'라는 이름의 쇠창살

하벨은 이른바 자유진영이라는, 자본주의 사회를 향해서도 날카로운 질문을 던집니다. 자본주의 사회의 시민들은 '진리 안'에서 살고 있는가? '진실 속'에서 살고 있는가? 아니면, 먹고사는 것이 다급하기 때문에 진리는 일단 제쳐두고 살자! 이것이 현실이다! 이런 생각으로 살고 있지 않은가? 자본주의 체제에는 '거짓'이 없는가? 그 역시 '허위의 체제'가 아닌가?

그러니까 하벨은 반드시 공산체제에만 저항한 것이 아닙니다. 인간을 완전하고 절대의 것이라고 생각하는 이 문명 세계가 만들어낸 하나의 산물로서 가장 극단으로 나타나는 것이 공산체제인데, 어쩌면 공산체제에 맞서 자유를 구가한다는 서방 세계에서도 그런 삶의 체제가 만들어지고 있지 않은가? 하는 질문을 동시에 던지고 있는 것입니다. 이런 문제의식과 성찰이 바츨라프 하벨을 단순히 공산체제에 저항하는 반체제 인사가 아니라 오늘의 문명 전반에 대해서 발언하는 범세계 수준의 사상가로 인정받게 한 것이 아닐까 싶습니다.

제가 어떤 글에서 썼습니다만, 가톨릭 신자이면서 마르크스주의자인 영국의 문학이론가 테리 이글턴[3] 같으면 하벨의 마르크스주의 공산체제 비판에 온전히 동의하지 않을 가능성이 있습니다. 하벨의 공산체제 비판에는 동의한다 하더라도 하벨의 마르크스주의 해석에 대해서는 동의하지 않을 것 같습니다. 왜냐하면, 하벨은 '마르크스조차도 인간 중심이고 인간을 절대화하고 있다는 데 문제가 있다'고 볼 것이지만, 그와 달리 테리 이글턴은 마르크스주의를 포기하고 싶지 않은 생각에서 '마르크스는 구약의 예언자를 높이 보는 마음가짐, 도덕 지향성을 갖고 있었다'고 풀이할 가능성이 있기 때문입니다.

하벨이 경험한 공산체제는 마르크스 이후 레닌을 거쳐, 스탈린을 거쳐서 체제화된 아주 독종의 사회주의 체제라고 할 수 있습니다. 그런데 이것으로 당시의 사회주의 체제를 충분히 설명했다고 볼 수는 없습니다. 사회주의 체제가 처음 만들어졌을 때 그 체제는 열화와 같은 지지를 받았습니다.

---

3 **테리 이글턴** Terry Eagleton, 1943~ 영국의 마르크스주의를 대표하는 비평가. 영국 남부 샐퍼드 출신으로 케임브리지대학 영문학과에서 수학하고 옥스퍼드대학 영문학과에서 교수로 재직하다 퇴임했다. 『문학이론입문』으로 한국 독자에게 이름을 알렸다.

러시아 혁명 이후의 스탈린, 레닌, 칼리닌(1919년).

그러나 현실에서는 그 열광을 오래도록 유지할 수 없습니다. 그렇기 때문에 '열광의 단계'를 제도화시켜야 됩니다. 그것을 좀 더 부정의 뜻으로 얘기하면, 관료제화된 체제를 만들 수밖에 없습니다. 그런 체제가 만들어지면 굳이 대강당에 또는 거대한 광장에 수십만, 수백만 명을 집결시키는 전체주의 조직을 동원할 필요가 없습니다. 이제 그런 것은 사라지게 되고 일상의 삶을 통해서 개인을 다스리고 지배하며 예속시켜버립니다.

앞서 보기를 든, '힘없는 자의 힘'에 등장하는 식품점 관리인처럼 쳇바퀴 돌아가듯이 살게 되는 체제. '먹여 살려줄 테니까 그 대신 군소리하지 말라!', 이것이 '현실'이라며 그 현실을 받아들이게 하는 체제. 우리 식으로 생각한다면 그게 뭐겠습니까? '잘 먹고 잘 사는 것', 좀 더 그럴듯한 얘기로 하면 '소비'입니다. 소비, 모든 것을 '소비'하는 체제입니다.

관료제화된 체제는 초기의 열정과 분노에 가득 찼던 사회주의 체제와는 다릅니다. 아주 평온하고, 어떻게 보면 먹고사는 문제를 해결해주고 교육도 웬만큼 해결해주는 체제입니다. 이를 두고 하벨이 이름 붙인 것이 '후기 전체주의post totalitarianism'입니다. 전체주의와 조금 다른, 전체주의를 넘어선 '후기 전체주의'라는 개념으로 우리가 놓여 있는 세계를 풀이해보려고 했습니다. '후기 전체주의'의 특성은 반드시 공산체제에만 갇혀 있는 것이 아니라 이른바 자유주의 사회, 사회주의가 아닌 자본주의 국가에도 나타나고 있다고 본 점에서 우리가 하벨을 주목하게 되는 것입니다.

'후기 전체주의'와 연결 지을 수 있는 사람이 독일의 사회학자 막스 베버[4]입니다. 그는 사회학의 창건자 가운데 한 사람입니다. 그는 어마어마한 연구 업적을 남겼습니다. 여러분들의 기억을 또 되살려드린다면, 중요한 논쟁거리가 되는 그의 연구 주제 가운데 하나는 개신교 윤리가 근대 자본주의 정신과 어울린다는 것이었습니다. 『프로테스탄트의 윤리와 자

4 **막스 베버** Max Weber, 1864~1920 사회학 성립에 막대한 영향을 끼친 독일의 철학자. 사회학이라는 학문 연구의 토대를 마련한 학자로 평가되고 있다. 베를린대학교에서 처음 연구 활동을 시작했으며, 말년에는 프라이부르크대학, 하이델베르크대학, 비엔나대학 그리고 뮌헨대학에서 연구 활동을 했다. 당대 정치 분야에 상당한 영향력을 행사하기도 했다. 베르사유 조약의 독일제국 측 협상 대표로 선임되기도 했으며, 바이마르 헌법의 초안을 닦는 위원회의 일원으로 활동했다.

본주의 정신Die Protestantische Ethik und der Geist des Kapitalismus』이라는 책에서 그렇게 말했습니다. 그러나 베버의 학문 전체를 보면 그것이 중요한 것이 아닙니다.

정말로 중요한 것은, 그 책의 마지막 부분에 나오는바, 결국 근대 자본주의라고 하는 이 어마어마한 삶의 방식을 만들어놓은 개신교의 윤리가 끝까지 힘을 발휘하는 것이 아니라, 그것이 퇴색해서 껍데기인 자본주의만 남고 자본주의의 정신이 돼야 할 개신교 윤리는 사라진다는 문제의식입니다. 이 상황을 두고 그가 표현한 낱말이 '쇠 우리iron cage'입니다. 그는 쇠로 된, 강철로 된 울타리, 쇠 우리, 철책, 그것이 현대 문명의 위기이고 우리가 그 속에 살게 됐다는 것이 이 문명의 비극이라고 봤습니다.

막스 베버의 이런 생각과 하벨의 생각이 상당히 통하지 않을까 싶습니다. 후기 전체주의 체제 속에서, 오늘날의 이 문명사회에 사는 사람들이 전부 거대한 기계의 작은 부속품처럼 매끄럽게 돌아가고 있습니다. 자기의 생각, 자기의 영혼, 자기의 정신, 이런 것들은 아주 낯선 낱말이 돼버렸습니다. 오늘날 누가 우리의 '영혼'에 대해서 이야기합니까? 누가 '정신'에 대해서 이야기합니까? 이 비극의 상황, 베버의 표현으로 북극의 차디찬 얼음덩어리 같은 그 속에서 우리가 아주 냉랭하게 하루하루를 살아가고 있습니다. 이것은 진짜가 아니고 부자유한 삶입니다. 베버 식으로 이야기하면 '부자유한' 삶이고 하벨 식으로 이야기하면 '거짓된' 삶을 우리가 살아가고 있습니다.

그렇다면 우리가 어떻게 해야 '진리'에 대한 감수성을 회복할 수 있는가? 어떻게 해야 '진리'를 알 수 있는가? 인간이 아무리 머리를 짜내고 합리성, 과학, 계몽주의, 그런 것을 다 동원하더라도 그것으로 다 채울 수 없는 어떤 세계가 있다는 것을 무엇으로 알 수 있는가? 이 체제가 다가 아니라는 생각, 인간이 다가 아니라는 생각. 요즘의 우리에겐 통하지 않게 된 낱말입니다만, 그것은 아까 조인원 총장님께서도 말씀하셨던 '초월'에 대한 감수성에 이어집니다. 비록 우리가 현실 속에 살고 있지만, 현실로 모든 것에 대답할 수 없는 현실 너머의 그 어떤 세계에 대한 감수성이 있어야만 이 현실을 비판할 수 있지 않겠습니까? 현실 속에만 갇혀서는, 같은 차원의 울타리 안에 갇혀서는 어디서 비판을 할 수 있는 물을 얻을 수 있고 생수를 얻을 수 있겠습니까? 다른 차원과 관계를 맺어야 됩니다.

물론 사회학자 베버는 이런 생각까지 나아가지는 않습니다. 그는 우리에게 이 비참한 북극의 얼음덩어리와 같은 현실의 삶을 보여주는 것으로 끝마치려고 했을지도 모릅니다. 하지만 하벨은 거기서 더 나아갑니다. 인간이 절대라고 생각하는 이 현실, 이것 너머에는 더 이상 아무것도 없다고 생각하는 이 현실을 돌파해가는 어떤 '초월의 차원'에 우리를 잇대지 않고서는, 우리가 언제까지나 '거짓된' 현실의 삶 속에 갇혀서 '거짓되게' 일생을 살아가게 마련이라고 말합니다. '현실'에서 살되 '초월'과 잇대어진 삶, 그것이 하벨이 말하는 진리라고 할 수 있습니다.

체코의 문화전통과 '초월성'에 대한 믿음

진리가 무엇이냐? 참으로 이야기하기가 어렵습니다. 경희대학교 설립자께서 작사하신 교가에도 진리라는 말이 나옵니다. 우리는 진리를 배워야 합니다. 그러나 진리가 무엇이냐? 이 질문에 단답형으로 쉽게 답할 수는 없습니다. 중요한 것은, 현실에서 정답이라고 생각하는 그 너머의 것을 바라다볼 수 있는 열려진 어떤 답입니다. 이것이 진리이고 그것이 초월의 세계가 아닐까 싶습니다. 그것과 만나는 것입니다. 이것은 양심의 문제입니다. 사람들 대부분이 '세상에 양심이 어디 있느냐' 하면서 살고 있지만, 이것은 양심의 문제입니다.

체코는 동유럽의 조그마한 나라입니다. 요즘 젊은 대학생들이 배낭여행을 많이 하는데, 그곳에 한번 가보시기 바랍니다. 과거에 한국 사람들이 동유럽이나 러시아를 여행하면서 받은 가장 큰 인상이 '못 살더라!', '경제가… 못 살더라!', '물질적으로 못 살더라!' 하는 것이었습니다. 물질이 유일한 잣대인 자본주의 이데올로기 속에서 몇십 년을 살았기 때문인지 우리 눈에는 그곳 사람들이 '물질로 잘 사는가, 못 사는가?' 하는 그것밖에는 다른 것이 안 보였습니다. 물질 그 뒤의 것은 보이지 않았던 것입니다. 그런데 이 조그마한 나라 체코에 '전통'이 있습니다. 그 전통을 하벨은 귀하게 생각했습니다. 그 전통은 바로 '진리'에 대한 관심이고 '초월'에 대한 관심입니다.

2017년은 종교개혁 500돌이 되는 해입니다. 1517년 마르틴 루터가 중세 말의 타락한 가톨릭교회를 정면으로 비판하면서 종교개혁이 시작됐습니다. 그런데 그보다 백여 년 전에 체코 민족 가운데 얀 후스[5]라는 사람이 있었습니다. 이 사람은 다음의 물음을 던졌습니다. 이른바 기독교의 경전, '말씀', 가르침, 예수의 가르침, 그것이 더 중요한가, 아니면 가톨릭의 교권이 더 중요한가? 무엇이 더 우선하는 권위인가? 그러고는 대담하게도 인간이 만든 가톨릭교회의 위계질서가 아

5 **얀 후스** Jan Hus, 1372~1415 체코의 기독교 신학자. 그는 존 위클리프의 예정구원론을 기반으로 성서를 믿음의 유일한 권위로 강조하는 복음주의 성향을 보였다. 로마 가톨릭교회 지도자들의 부패를 비판하다가 1411년 교황 요한 23세에 의해 파문당했고, 콘스탄츠 공의회의 결정에 따라 1415년 화형에 처해졌다.

ⓒ Jorge Royan

프라하 올드타운 광장에 세워진 얀 후스 동상.

니라 그 '말씀'의 권위가 더 중요하다고 주장했습니다. 마르틴 루터보다 백 년 앞서 가톨릭교회의 부패를 고발하고 종교개혁을 주장하다가 이단으로 몰려 화형을 당했습니다. 체코의 수도 프라하에는 그를 기리는 기념물, 동상이 있습니다. 얀 후스는 믿음과 양심의 문제로 화형을 당했습니다.

그뿐만 아닙니다. 여러분 중에도 관심 있으신 분들에겐 이름이 익숙하겠지만, 얀 코메니우스[6]가 있습니다. 코메니우스는 근대 교육사상가였습니다. 평민과 여성에게도 교육을

---

6 **얀 코메니우스** Johann Amos Comenius, 1592~1670 체코의 교육자이자 종교개혁가. 근대 교육학의 선구자로 유럽 등지를 돌아다니면서 교육제도를 새롭게 바꾸고자 노력했다. 또한 세계 평화를 부르짖으며, 종교에 기초한 새로운 교육학을 마련했다.

해야 한다는 그의 주장은 대단한 혁신 사상을 담고 있습니다. 그가 17세기에 내놓은 교육평등사상은 20세기가 돼서야 실현됐습니다. 그는 또한 토박이말의 중요성을 일찌감치 깨닫고 이를 가르쳐야 한다고 했습니다. 얀 후스와 같은 신앙 노선을 걸었기에 종교의 탄압을 받고 이 나라 저 나라 떠돌이로 망명하면서 살아야 했지만, 코메니우스는 진리를 위해서 타협하지 않고 산 사람입니다.

그다음에, 체코슬로바키아의 국부國父로 추앙받는 토마시 마사리크[7]가 있습니다. 그는 제1차 세계대전 이후에 유럽 지도에 없었던 체코슬로바키아라는 나라를 만들어서 첫 대통령이 된 사람입니다. 마사리크는 진리의 전통을 언제나 기억하면서 이 전통을 자기 동포들에게 전하려 했습니다. 그런 점에서 마사리크는 '철인 왕哲人王, philosopher king'이라고 불립니다. 물론 이 사람은 철학자이기도 하고 사회학자이기도 하고 나라를 세운 외교관, 정치가이기도 합니다.

이런 사람들이 체코슬로바키아라는 작은 나라의 전통 가운데 있습니다. 하벨은 갑자기 튀어나온 존재가 아닙니다. 이렇게 자기들의 문화전통 속에 있는, 진리를 위해서 타협하지 않고 산 사람, 초월에 자기를 잇대어놓고 현실을 비판할 수

---

7 **토마시 마사리크** Tomáš Garrigue Masaryk, 1850~1937 체코슬로바키아를 건국한 첫 번째 대통령이자 철학자, 교육학자, 언론인. 프라하 카렐대학교 교수를 지냈으며, 국민당 당수가 돼어 독립운동에 앞장섰다. '체코슬로바키아 건국의 아버지'로 불린다.

있었던 그런 사상가를 언제나 귀하게 생각하고 그런 사람들과 대화하면서 살았던 것입니다.

그래서 저도 다른 선생님들과 이야기를 나누곤 합니다. 우리 속에는 어떤 대화의 대상이 있는지? 우리의 문화전통에서는 누구하고 대화를 해야 될 것인지? 진리를 위해서, 초월의 가치를 위해서 타협하지 않고 이 세상을 마감한, 고난에도 불구하고 돌파해갔던 '누구'와 대화하고 싶은지? '누구'를 기억해야 되는지? 그런 것을 생각하게 됩니다.

그렇다면 우리 사회에 이것은 '어떤 의미'가 있는지에 대해서도 생각하게 됩니다. 물론 저는 제 조그마한 눈으로 본 조그마한 한 면을 여러분한테 말씀드리는 것뿐입니다. 이 시간 이후에 여러 훌륭하신 선생님들과 대화하면서 저도 배우고 싶습니다.

1993년 대통령으로 선출된 하벨 앞에는 과제가 하나 있었습니다. '우리도 하루속히 서유럽과 같이 되자! 서유럽으로 가야 한다!' 이것이 공산체제에서 벗어나 민주공화국을 되찾은 체코슬로바키아 국민들의 소망이었습니다. 국가 어젠다agenda였던 셈입니다. 그런데 '어떤 서유럽을 말하는가?', 이것이 문제가 됐습니다. 대통령인 바츨라프 하벨과 그 당시 중요한 권한을 가지고 있었던 바츨라프 클라우스[8]와 논쟁이 일어났습니다.

클라우스는 경제학자입니다. 경제학자라서 그런지 그는

'자유시장이 되기만 하면 우리가 서유럽화하는 데 아무 문제가 없다'고 주장했습니다. '합리적으로' 물건을 교환하는 '시장의 원리'가 작동되면 탈공산화하는 데 '아무 문제가 없다!'고 봤습니다. 그는 자유시장론자, 더 강하게 이야기하면 '시장근본주의자'가 되겠습니다. 그와 달리, 하벨은 '그 시장의 원리만으로 우리가 시민사회의 시민이 되는가? 합리스럽게 계산을 잘하는 소비자가 곧 바람직한, 깨어 있는 시민인가?' 하는 질문을 하게 됐습니다. 두 사람 사이에 논쟁이 벌어진 것은 당연합니다.

시민은 물건을 합리스럽게 산다고 해서 자격을 부여받는 것이 아닙니다. 시민은 소비자보다 훨씬 더 고결한 의미를 갖고 있어야 합니다. 하벨의 생각에 의하면, 그 시민은 이웃에 대한 관심도 있어야 합니다. 이웃의 아픔에 '공감'할 수 있는 능력이 있어야 합니다. 예를 들어 강도를 당한 어떤 사람이

---

8 **바츨라프 클라우스** Václav Klaus, 1941~ 체코의 경제학자이자 정치인. 체코슬로바키아 분리 직전의 마지막 체코 총리이자 분리 직후의 첫 체코 총리를 맡았으며, 2003년부터 2013년까지 대통령으로 재직했다. 프라하에서 태어났으며, 프라하 경제대학교에서 경제학을 전공했다. 이탈리아와 미국에서 유학했던 그는 미국의 코넬대학교에서 수학했고, 체코슬로바키아의 경제연구소와 은행에서 근무했다. 경제학자로 활동할 때에는 정치, 경제, 사회에 관한 저술로 알려졌었다. 1989년 바츨라프 하벨이 주도한 민주화 운동인 벨벳 혁명 직후 정계에 입문했으며, 시민포럼에 참가했다. 체코슬로바키아의 재무장관을 지냈으며, 1991년 우파에 속하는 시민민주당 창당에 참여했다. 1992년 총선에서 시민민주당이 승리하자 체코슬로바키아연방에 속하는 체코공화국의 총리가 됐다. 이듬해인 1993년 슬로바키아의 분리 이후에도 체코의 총리로 그대로 재직했고, 바츨라프 하벨은 체코의 대통령이 됐다. 총리 재직 중 프라하 경제대학교의 교수직을 겸임했다. 1996년 총선에서도 승리해 계속 총리 자리에 있었으나, 1997년에 당의 부패 스캔들로 총리직에서 물러났다. 1998년에서 2002년까지 국회의장을 맡았다. 2003년 의회에서 5년 임기의 대통령으로 선출됐고 2008년 재선됐다. 2013년 임기 종료와 함께 대통령직에서 물러났다.

© Pelz

바츨라프 클라우스.

거의 죽게 됐을 때 그에게 다가가서 보살필 수 있는 섬세함이 있어야 합니다. 사람이 죽어가고 있는데도 불구하고 '자기 계산'을 하니까, '먹고사는 계산'을 하니까 '내가 보살필/갈 틈이 없다'면서 냉정하게 지나치는 사람은 고귀한 뜻에서 시민이 아닙니다. 그는 바람직한 시민이 아닙니다.

제가 그 논쟁의 상황을 풀이해봅니다. 클라우스는 1776년에 애덤 스미스가 내놓은 『국부론The Wealth of Nations』에 기댄 사람이라고 할 수 있습니다. 하벨은 『국부론』에 생각이 멈춰 있었던 것이 아니라, 그것보다 17년이나 앞서 1759년에 나온 『도덕감정론The Theory of Moral Sentiments』이라는 애덤 스미스의 책으로 나아갔습니다. 애덤 스미스가 스코틀랜드 글래스고대학에서 학생들을 가르칠 때 그는 경제학 교수가 아니었습니다. 그가 가르친 것은 수사학과 도덕철학이었습니다. 그런데 나중에 그가 가르친 것이 근대 경제학이 됐습니다. 애덤 스미스는 경제학의 아버지, 애덤 스미스는 국부론, 이런 등식이 상식으로 통하게 됐습니다.

여기서 잠시 제 조그마한 경험을 말씀드리겠습니다. 우리가 공부라고 하는 것, 적어도 제게 고등학교 때까지 공부라고 하는 것은 A항과 B항 사이에 관계되는 것을 골라 줄을 그으라고 해, 이 줄을 잘 그으면 100점이고 못 그으면 0점이 되는 그런 것이었습니다. 학교에서 '햄릿'은 '창백한 지식인'이라고 가르치고 학생들이 이 둘 사이에 줄을 그으면 점수가 나오는 것이었습니다. 저는 '창백한 지식인'이 뭔지도 모르고 『햄릿』을 읽어본 적이 없으면서도 '맞는' 줄을 그었습니다. 애덤 스미스와 『국부론』을 줄로 이어놓고 높은 점수를 얻었습니다. 단답형, 피상의 지식 문제를 잘 맞히느냐 못 맞히느냐에 따라서 우리 사회가 머리가 좋고 나쁘고를 판가름했습니다. 참 치사한 사회가 되고 있었습니다.

애덤 스미스는 『국부론』만 쓴 것이 아닙니다. 『도덕감정론』도 썼습니다. 우리가 이웃에 대해 어떤 감정을 느끼고 사는가? 이에 대한 이론을 애덤 스미스가 내놓았습니다. 이웃과 공감할 수 있는, 동감할 수 있는 능력이 어떻게 생기고 어떤 과정을 통해서 그것이 순화되는가? 이것이 애덤 스미스의 『도덕감정론』입니다. 그런데 경제학자 클라우스는 애덤 스미스의 『국부론』에 빠져 있었습니다. 하벨은 물론 자유시장도 중요하지만 자유시장의 논리만으로는 우리의 미래사회를 설계할 수 없다, 디자인할 수 없다고 했습니다. 이웃에 대한 관심, 동감할 수 있는 능력을 가진 시민의 사회를 만들어야 한다고 했습니다. 그런 점에서 하벨은 애덤 스미스의 『국부론』뿐만 아니라 『도덕감정론』도 마음에 새기지 않았을까 합니다. 이 문제는 40년 전 탈공산화 과정에 있었던 그 사회의 문제만이 아니고 오늘의 우리 사회에도 주는 메시지가 아닌지 생각하게 됩니다.

Miwon Lecture

시민사회의 '시민'은 누구인가

언제부턴가 우리 사회를 '시민사회'라고 이야기합니다. 여기 계신 선생님들 가운데, 학생들 중에도 그것에 관해 많이 연구하신 분들이 계시다고 생각하지만, 저도 제 나름으로 살펴봤습니다. 제가 기억하기로 우리가 1980년대 중반까지는 '민중'이라는 말을 많이 쓴 것 같습니다. 그러다가 '시민'이라는 말이 유행하기 시작했습니다. 이 '시민'이 갑자기 어디서 왔는가? 제가 찾아본 바로는 1960년 이른바 '4·19 혁명' 때 '시민혁명'이란 말을 썼습니다.

주제에서 벗어난 이야기지만, 저는 '4·19'라는 표현이 그다지 좋다고 생각하지 않습니다. 4월 19일이라는 한 날로 지정했다는 것이 문제가 있다고 봅니다. 저는 '1960년 봄 혁명'이라고 부르고 싶습니다. 그래야 마산에서 죽은 고등학생도 기억할 수 있고, 대구에서 고등학생들이 데모한 것도 기억할 수 있습니다. 어떤 날짜가 아니라 '1960년 봄'이라고 할 때 혁명의 시작부터 끝까지, 서울이라는 좁은 지역이 아니라 전국에서 일어난 혁명의 전 과정을 담아낼 수 있다고 생각합니다. 하지만 헌법 전문에도 '4·19'라고 표현돼 있습니다. 아무튼 그것이 어떻게 가능했는가? 정치학을 하시는 여러 분의 여러 이론이 있을 것이라고 생각합니다만, 제 나름의 생각을 말씀드리겠습니다.

저는 이승만 정권 밑에서 민주주의를 배웠습니다. 이승만은 어떤 사람인가? 그는 1948년 대한민국 정부가 세워진 후 첫 대통령이 됐지만 불행하게도 독재자로 생을 마감했습니다. 1875년 황해도 평산에서 태어난 이승만의 청년 시절은 조선왕조가 무너질 위기에 처한 격변의 시기였습니다. 젊은 이승만은 이른바 근대 운동권의 선두주자였습니다. 서당에서 한학漢學을 배우다가 배재학당에 입학해 서양식 학문을 접했고, 독립협회에 참여해 서재필한테 근대의 토론 방식을 배우며 리더로 성장했습니다. 이런저런 사건으로 종신형을 받고 수감됐는데 감옥에서 1904년에『독립정신』이라는 책도 썼습니다. 사면돼 풀려난 뒤 미국으로 건너가 유수한 대학에서 공부했습니다.

그는 '민주주의'라는 것을 아는 사람이었습니다. 얼마나

1919년 필라델피아에서 열렸던 '한인자유대회.' 독립운동과 임시정부 수립을 선전한 이 대회에는 이승만, 서재필, 정한경 등이 참가했다.

충분히 알고 얼마나 내면화시켰는가 하는 것은 또 다른 문제지만, 그 사람이 단군 이후 처음으로 민주주의를 공식 교육을 통해 우리에게 가르쳤습니다. 그 공식 교육을 통해서 '민주주의는 이런 것이다', '시민은 이런 것이다'라고 하는 것을 우리가 배웠습니다.

이승만 정권에서 배운 민주주의 정신, 시민의 정신으로 우리는 우리를 가르쳐준 이승만을 타도했습니다. 이것이 '1960년도 봄 혁명'에 대한 하나의 풀이가 될 수 있지 않을까 싶습니다. 그런데 다 알다시피 구한말에 서재필을 중심으로 모인 독립협회에서 한글로 된 『독립신문』을 찍어냈습니다. 노소남녀 귀천 할 것 없이 모든 사람이 다 읽을 수 있게 '국문國

文'으로 신문을 발간했습니다. 그러다가 안팎의 압력으로 문을 닫았습니다. 그리고 일제 강탈기를 맞았습니다. 그런 다음 해방이 됐습니다. 해방이 돼 대한민국 정부를 세운 다음 2년 만에 우리의 '남북 전쟁'이 있었습니다. 그런 어려움을 겪으면서도 우리가 배운 민주주의, 시민에 대한 생각은 사라지지 않았습니다.

저는 구한말에도 이미 민주주의 정신, 시민의 정신이 자라나고 있었다고 봅니다. 물론 그때는 '시민'이다, '민주주의'다 하는 말이 없었습니다. 왕이 나라를 다스리던 때여서 '시민'보다는 '백성'이라고 했습니다. 하지만 '노예'가 아닌 '백성', '백성다운 백성', 이러한 생각이 『독립신문』 사설에 나옵니다. 그런 생각이 일제 강탈기를 맞아 이어지지 못하고 단절됐다가 광복 이후에 우리는 학교 교육을 통해서 '민주주의'와 '시민'을 배우게 된 것입니다. 그런데 지금으로부터 꼭 55년 전 오늘, 1961년 5월 16일 군사 쿠데타에 의해서 우리의 민주주의는 막을 내렸습니다.

4·19 '봄 혁명' 때 '시민혁명'이라는 말과 함께 '시민'이 등장합니다. '백성'도 아니고 '국민'도 아니고 '시민'입니다. 앞서 말씀드린 바와 같이 그 이후에는 '민중'이라는 말이 득세하기 시작했습니다. 민중은 제가 이해하기로, 민중을 연구하신 분들이 여기 많이 계실 테니 저도 많이 배우고 싶습니다만, '계급'을 강조하지 않았나 싶습니다. 1970년대와 80년대는 민중

1960년 4·19 혁명.

의 힘으로 독재정권을 타도하려는 민중 지향의 운동들이 일어난 민중의 시대였습니다.

그런데 1980년 봄과 1987년의 6월 항쟁을 지나면서 '넥타이부대'가 등장하고 그들이 시청 앞으로도 나오니까 '민중'의 개념으로는 이 운동세력을 다 담아낼 수 없게 됐습니다. 그래서 '시민'이란 말을 다시 쓰게 된 것입니다. 외부 흐름에 민감한 우리나라의 지식인들이 그 무렵 서양에서 새삼 '시민'에 관심을 갖는 것을 눈여겨보고 그 개념을 들여왔습니다.

그렇다면 서양에서는 왜 그때 '시민'이란 생각이 활발했는가? 동유럽과 러시아 사람들이 먼저 탈공산화 이후에 자기들이 만들어갈 사회는 '시민사회'라고 봤습니다. 그것을 접한 서유럽의 지식인들이 새삼스럽게 도서관에 가서 그 먼지 자욱

한 도서관을 헤치고 시민에 관한 책들을 보기 시작하고 시민에 대한 관심을 재활성화시키기 시작했습니다. 그 후 우리가 시민이란 말을 받아들여서 시민에 대한 생각을 하고, 시민사회를 이야기하고, 그다음에는 시민운동단체도 많이 만들게 됐습니다.

그런데 이 시민은 오늘날 우리에게 주는 하벨의 가르침과 관련해서 어떤 시민인가? 말로만 '시민'이라고 하면 시민이 되는 것인가? 시민은 어떤 시민이어야 하는가? 저도 시민운동단체에 참여하고 있는 한 사람입니다만, 하벨이 말하는 '진리'에 대한 관심을 우리의 시민단체, 시민사회가 갖고 있는가? 아니면 먹고사는 문제 때문에 전부 바쁘기만 한가? '먹고사는' 문제를 이른바 '삶의 정치'라고 해서 '먹고사는' 문제가 이슈가 될 때는 시청 앞에 무리 지어 나올 수 있지만, '먹고사는' 문제가 아닌 '진실'의 문제, '진리'의 문제라고 하면 과연 몇 사람이 시청 앞에 나올 수 있는가? 이런 생각을 하게 됩니다.

하벨이 이야기하는 '진리'에 대한 관심, '초월'에 대한 관심이 우리 속에 얼마만큼 뿌리내리고 있는가? 이것을 지금 질문하고 싶습니다. 여러분 가운데는 제가 서양 중심의 생각을 하고 있다고 말씀하실 분도 있을 것입니다. 서양 중심일 수 있습니다. 제가 지금 하벨을 중심으로 이야기하고 있기 때문에 유럽이라는 지역의 특수성, 특히 체코슬로바키아 문화의 전통이 그 안에 담겨 있을 것입니다.

그럼에도 불구하고 모든 문명권과 문화 속에는 진리에 대한 관심, 초월에 대한 관심이 있지 않을까? 비록 현실에 의해 짓밟히고 있더라도 우리 모두가 그 내면에 공통된 관심을 공유하고 있지 않을까? 이런 전제를 저는 갖고 있습니다. 그것이 우리의 대화를 가능하게 만들고, 세계 공동체에 격려가 되기도 하고, 우리가 동참할 수 있는 근거를 마련해주기도 합니다. 하벨이 이 말을 쓰고 있지 않지만 우리말로 저는 이것을 '굴대 문명axial civilizations'이라고 옮겨 써봅니다. 어떤 사람은 한문 투로 '기축機軸 문명'이라고 합니다.

우리가 다 알다시피 기원전 1000년대 그 어디에, 지금으로부터 2,500년 그 이전에 문자가 아닌 입에서 입으로, 구전口傳으로 내려왔다고 하더라도 인류 문명사에서 동시다발로 위대한 문명이 생겼습니다. 유교, 불교, 구약의 전통, 고대 그리스의 전통, 이것이 다 위대한 문명입니다. 그때 만들어진 문명의 축에 의해서, 문명의 굴대에 실려서 오늘날의 우리 문명이 지금도 굴러간다고 할 수 있습니다.

굴대axis는 수레의 두 바퀴를 가로질러 수레가 바로 놓이고 움직이도록 힘을 실어주는 막대입니다. 앞서 말한 위대한 문명들을 굴대에 비유한 사람이 독일의 철학자 칼 야스퍼스[9]입니다. 1949년에 펴낸 『역사의 기원과 목표Vom Ursprung und Ziel der Geschichte』라는 책에서 이 개념을 강조했습니다. '굴대 시대'를 출발점으로 삼아 인류의 역사를 성찰했습니다. 물론 이 개

1943년 바르샤바 게토 봉기 당시 강제로 연행되는 유대인들.

념은 막스 베버에게도 갈 수 있고 또 헤겔까지 거슬러 갈 수 있습니다. 그렇지만 야스퍼스에 의해 '굴대 시대'라는 말이 의미를 얻고 여러 학문 영역에서 널리 쓰이게 됐습니다.

야스퍼스가 굴대 문명, 굴대 시대를 이야기한 것은 2차 세계대전을 반성하기 위해서였습니다. 과학을 신뢰하고 합리성을 강조하고 계몽주의의 산실이라고 했던 유럽에서 어떻게 그토록 참혹한 전쟁이 일어났는가? 어떻게 형용할 수조차 없는 홀로코스트 사건이 일어났는가? 그렇다면 우리의 문명을

---

9 **칼 야스퍼스** Karl Jaspers, 1883~1969 독일의 철학자. 하이데거와 함께 독일 실존철학을 창시한 것으로 알려져 있다. 하이데거가 나치에 가입하자 그와의 관계를 끊었다. 제2차 세계대전이 끝난 후 독일의 도덕 책임과 갱생을 주장했으나 받아들여지지 않자 1948년에 스위스로 이주해 자기의 철학사상을 발전시켰다. 야스퍼스는 칸트, 니체, 키에르케고르 등의 영향을 받았으며, 현대 산업문명에서 잃어버린 인간 본래의 모습을 복원해야 한다고 주장했다.

다시 들여다볼 필요가 있다! 이렇게 생각하고, 생각하고, 생각했습니다.

그는 2,500년 전에 동시다발로 일어났던 여러 문명 속에서는 전부 '초월의 능력'을 인정하고 있었다는 것을 확인했습니다. 그 문명들은 현실이 다가 아닌, 현실 너머의 어떤 세계에 대해서 얘기하고 있었습니다. 모든 위대한 종교는 그런 것을 가지고 있습니다. 위대하지 않은 종교는 초월을 가지고 있지 않겠지요. 먹고사는 데 갇혀 있겠지요. 먹고사는 것이 인간답게 사는 것이 아니고 진리를 향해 살아가는 것이 사람답게 사는 것이라고 가르쳐준 것이 위대한 종교의 전통이었습니다. 그 이후에 요즘 새삼스럽게 학제 간 연구를 통해서 이 굴대 문명에 대한 관심을 지켜오고 있습니다.

초월성의 '의미'와 '믿음'을 마련해준 것이 '굴대 문명'입니다. 기독교인이 아니더라도, 기독교의 전통을 갖고 있지 않은 우리라 하더라도 오랜 기간 잊혀져버린, 짓밟혀버린, 무시당한, 우리의 문화와 전통 속에 스며 있는 '초월'에 대한 감수성을 불러온다면 우리도 시민사회의 풍미를 높여볼 수 있는 것 아닌가? '진리'에 대한 얘기를 할 수 있는 것 아닌가? 그런 생각을 저는 야스퍼스의 글을 읽으면서 해보고 있습니다.

Miwon Lecture

시민사회에서의 새로운 정치

2016년 봄, 4·13 총선이 끝난 뒤 얼마 지나지 않아 조그마한 학회의 모임이 있었습니다. 공천에서 떨어졌던 분도 나오시고, 낙선하신 어떤 중요한 당의 대표도 나오시고(여기서 '중요하다'는 것은 크기가 중요하다는 것이 아니라 '생각'이 중요하다는 뜻입니다), 또 작은 당의 연구소 소장도 나오셨습니다. 그들의 발표가 다 끝난 다음에 대화 시간이 이어졌습니다. 그때 '정치란 무엇인가?', '시민사회란 무엇인가?', '시민이란 무엇인가?'에 대한 얘기가 짧게나마 있었습니다.

하벨이 말하는 정치란 진리에 대한 도덕 감수성, 그것을 강조하는 정치입니다. 더욱 높은 것에 대한 책임을 질 수 있는 사람, 이런 사람이 정치를 해야 한다고 했습니다. 이것은 얕은 책임이 아닙니다. 내 지역 사람에게 잘해주고, 내 지역에 무슨 의과대학을 만들겠다는 이런 것을 넘어서는 '더 높은 것'에 대한 책임을 가진 사람이 정치를 하면 좋겠다고 저는 생각합니다. 그런 사람이 정치를 해야 한다고 생각합니다. 그런 것을 시민사회에서 맡아야 한다고 저는 생각합니다.

오늘 이 자리에 토론자로 나오신 도종환 의원은 좀 예외가 아닐까 생각하는데, 앞으로 어떠실는지요? 정치하는 사람, 어떻습니까? 재선하기 위해서는 표를 생각해야 하는데, 표를 가진 유권자는 어떤 유권자입니까? 아마도 제가 생각하는 그런 유권자가 아닐 것입니다. 먹고사는 것을 유일한 삶의 목표처럼 생각하는 사람들이 유권자의 주종을 이룰 것입니다. 그런 사람들의 표를 얻으려면 그들에게 아부를 해야 합니다. 그렇게 그들의 표를 가져와야 합니다. 그러니까 당선을 바라는 정치가가 주장해야 하는 것은 '진리'와는 무관한 것입니다. '거짓된 삶'을 강화시켜야만 재선이 가능한 것입니다. 그런데 하벨이 얘기하는 정치는 그런 것이 아니지 않습니까? 유권자란 단순 소비자가 아니지 않습니까? 이 소비행위, 경제행위, 거래행위를 밑에서 떠받쳐주는, 뒤르켐Émile Durkheim 식으로 말하면 '계약'이 아닌 '비계약'의 요소가 있어야만 '정치라는 계약'이 제대로 성립되고 굴러갈 수 있지 않겠습니까? 그런 것을 하벨이 말합니다.

앞에서 선거 끝난 다음에 정치 영역 사람들과의 모임이

박영신 교수의 강연이 열린 경희대학교 네오르네상스관 네오누리.

있었다고 했는데, 그 '대화 시간'에서 저도 좀 대화하고 싶어서 세 분에게 물어봤습니다. 제가 우리 정치를 정확히 알고 있는지는 모르나, 저 같은 시민에게 확 다가오는 것 중에 하나는 '정치판에 새 피를 수혈하겠다'는 문제였습니다. 어떤 당이 위기를 맞으면 어떤 사람을 밖에서 모셔옵니다. 그런데 그 사람이 새로운 피인가? 그 사람이 '진리'에 대해 발언할 수 있는 사람인가? 그 사람이 '초월'에 대한 관심을 갖고 있는 사람인가? 제 눈에는 그렇게 보이지 않습니다. 그런 사람은 주로 그럴듯한 말을 써서 '책사'라고 합니다. 책사는 전략가입니다. 흔히 정치판을 바둑판이나 장기판에 빗대어 비유하는데, '새로운 피'라는 사람들이 대개는 병법에 능한 술수꾼들인 것 같습니다.

제가 그런 질문을 하니까, 정치 쪽에서 패널로 나오셨던 분이 "선생님, 정치판은 진흙탕입니다. 정치를 하려면 진흙탕에 들어와야 합니다."라고 말합니다. 제가 '정치판이 진흙탕'이라는 것을 모르지 않습니다. 하지만 그 정치가 끝내 진흙탕으로 가야 될 것인가? 언제까지 우리 정치가 진흙탕이 돼야 하는가? 시민사회의 시민들이 정치를 진흙탕으로 남겨둬야 하는가? 그런 것에 대해 저는 질문하고 싶었습니다.

하벨이 말하는 '진리'에 관심을 갖는, '초월'의 감수성을 가진 정치인들이 단숨에 다음 총선에, 다음 대선에 당선되리라는 보장이 없습니다. 그렇다면 어떻게 해야 하겠습니까? '정치는 진흙탕이다' 하고 우리는 뒤로 물러서서 낚시나 해야 하겠습니까? 고기잡이를 떠나야 되겠습니까? 팔짱 끼고 물러서 있어야 하겠습니까? 아닙니다. 정치에 더 관심을 가져야 합니다. 이것이 책임 있는 시민입니다. 시민사회의 구성원은 정치에 관심을 가져야 합니다. 그러나 그 정치에 대한 관심은 4년마다 오는 잠깐 동안의 선거철 관심, 그것만 가지고서는 안 됩니다. 정치꾼들이 무슨 짓을 하는지, 우리가 꾸준히 관찰해야 합니다. 5년에 한 번씩 대통령을 뽑는 그때만 흥분하고 실망하는 그것이 시민의 도리는 아닙니다. 시민은 진흙탕이라는 것을 알고, 물론 국회 안에서 훌륭한 분들이 진흙탕을 개선하길 바랍니다만 그분들에게만 맡기지 말고, 시민사회가 나서서 진흙탕의 정치판을 바꿔야 합니다. 진흙탕이 되지 않게 만들어야 합니다.

정치를 바꾸기 위해서는 정치라는 무대에 다양한 도덕 관심을 가진 사람들이 들어갈 수 있어야 합니다. 정치꾼들만 들어가선 안 됩니다. 정치판에는 정치꾼, 술수꾼만 들어와야 한다? 거짓말을 당연하게 생각하고, '진리'에 대한 관심이라곤 없는 그런 사람이 정치를 해야 된다? 그것이 아닙니다. 시민사회와 정치인들 사이의 문턱을 낮추려면 함께 공유하는 것이 있어야 합니다. 함께 만나는 것이 있어야 합니다. 그래서 '책략의 정치'라는 지평에 도덕 관심을 갖는 진리에 대한 관심, 초월에 대한 관심을 갖는 또 다른 '지평'이 교차하는 그런 사회를 우리가 만들어야 하지 않을까? 그것을 시민사회가 감당할 수 있으면 어떨까? 그것이 우리에게는 불가능한가? 우리에게는 능력이 없는가? 그냥 죽치고 뒤로 물러서야 되는가? 이런 생각을 저는 하고 있습니다. 감사합니다.

지은이 소개

박영신 Park Yong-Shin 연세대학교 사회학과 명예교수

박영신 연세대학교 사회학과 명예교수는 한국사회이론학회, 한국사회운동학회, 그리고 한국인문사회과학회의 초대 회장을 역임한 한국 사회학의 대가이다.

학문뿐 아니라 환경운동 등 시민사회 운동에도 적극적으로 참여해왔고 녹색연합 상임대표, 서울시/녹색서울시민위원회 지속가능발전위원회 위원장, 환경부/민간환경단체 정책협의회 위원장을 역임했다. 현재 사단법인 녹색교육센터 이사장을 맡고 있다. 주요 저서로는 『새로 쓴 변동의 사회학』(1996), 『실천 도덕으로서의 정치: 바츨라브 하벨의 역사 참여』(2000) 등이 있으며, 『한국의 시민과 시민사회』(2010)와 『다시 읽는 막스 베버』(2015)를 공동 집필하는 등 활발한 저술 활동을 하고 있다. 연세대학교에서 교육학 학사(1960), 동대학원 석사(1966)와 미국 예일대학교(Yale University) 종교학 석사(1968), 버클리대학교(University of California, Berkeley)에서 사회학 박사(1975) 학위를 취득했다.